AF357625

VENTE

Du Samedi 25 Février 1899

HOTEL DROUOT, SALLE N° 10

A DEUX HEURES UN QUART

JOLIE COLLECTION

DE

MINIATURES

ET

ÉMAUX DU XVIIIe SIÈCLE

Des Écoles Française, Flamande et Allemande

OBJETS D'ART & DE VITRINE

Anciennes Porcelaines de Sèvres et de Saxe

ÉVENTAILS, ARGENTERIE

Me G. DUCHESNE	M. A. BLOCHE
COMMISSAIRE-PRISEUR	EXPERT
Rue de Hanovre, 6	Rue de Châteaudun, 28

EXPOSITION PUBLIQUE

Le Vendredi 24 Février 1899, de 2 heures à 6 heures

PARIS — 1899

IMPRIMERIE MAULDE ET RENOU

MAULDE, DOUMENC & Cie
IMPRIMEURS DE LA COMPAGNIE DES COMMISSAIRES-PRISEURS

Rue de Rivoli, 144

CATALOGUE

D'UNE

JOLIE COLLECTION

DE

MINIATURES

PAR OU ATTRIBUÉES A

Taunay, Carrier, Thouron, Boquet, Dubourg
Mlle Meyer, Freudenberg, Barbier
Dumont, Bilcos, Bordier, Boudier, Charlier, Coypel, Degault
Fragonard, Kleingstedt, Lebrun, Lefebvre
Nattier, Lemoine, Delion de Savignac, Sené, Weyler
Soiron, Vestier, etc.

ÉMAUX ANCIENS

OBJETS D'ART & DE VITRINE

Cabinet en bois noir orné d'émaux, style XVIe siècle

DEUX COUPES EN SPATH-FLUOR MONTÉES EN BRONZE

Anciennes Porcelaines de Sèvres et de Saxe

ÉVENTAILS LOUIS XV ET LOUIS XVI, TABATIÈRE EN ARGENT

DONT LA VENTE AURA LIEU

HOTEL DROUOT, SALLE N° 10

Le Samedi 25 Février 1899

A DEUX HEURES UN QUART

————〜〜〜〜〜————

Me G. DUCHESNE	**M. A. BLOCHE**
COMMISSAIRE-PRISEUR	EXPERT
Rue de Hanovre, 6	Rue de Châteaudun, 28

CHEZ LESQUELS SE DISTRIBUE LE PRÉSENT CATALOGUE

————〜〜〜〜〜————

EXPOSITION PUBLIQUE

Le Vendredi 24 Février 1899, de 2 heures à 6 heures

CONDITIONS DE LA VENTE

—

Elle aura lieu au comptant.

Les acquéreurs paieront CINQ POUR CENT en sus des enchères.

Aucune réclamation ne sera admise une fois l'adjudication prononcée.

MAULDE, DOUMENC et Cie, imp. de la Cie des Commissaires-Priseurs, rue de Rivoli, 144.   3oo—79455

DÉSIGNATION

—

MINIATURES

1 — **Taunay**. Miniature ronde : Sujet galant. Un soldat agenouillé aux pieds de son amante lui déclare son amour ; au deuxième plan, une soubrette donne des conseils à sa jeune maîtresse. Cadre en bronze monté sur velours grenat.

2 — **Carrier.** Miniature ronde : Portrait présumé de Mme Rolland en buste presque de face, les cheveux légèrement poudrés, vêtue d'un habit bleu à revers à la mode anglaise, gilet blanc à fleurs avec jabot et cravate de dentelles, cadre à réverbère.

3 — **Thouron.** Émail de forme ovale représentant l'acteur Le Kain, double cercle d'or émaillé à filet bleu.

4 — **Boquet.** Miniature de forme ronde : Vénus écoutant les conseils de l'Amour. Charmante composition signée. Cadre en bronze.

5 — **Dubourg.** Miniature ronde sur ivoire : Jeune mère pleurant son époux mort en combattant. Signée. Cadre en cuivre, monté sur velours.

6 — **Mlle Meyer** (Attribuée à). Miniature ovale : Charmant portrait de jeune femme, les épaules légèrement nues, retenant chastement de la main droite une draperie de couleur blanche prête à tomber. Cadre en cuivre émaillé d'un filet bleu.

7 — **Freudenberg.** Miniature ovale en largeur : Dans un coquet déshabillé rose, une jeune mère prend soin de ses jeunes enfants. Cadre bois et bronze.

8 — **Barbier.** Miniature ovale en largeur : Un satyre offre des fruits à une bacchante, couronnée de pampres et raisins. Signée. Cadre en bronze monté sur velours grenat.

9 — **Ecole française** (Époque Louis XV). Miniature ovale en largeur : Pendant le sommeil du mari, sa jeune femme écoute les propos galants de son amant. Cadre en bronze monté sur velours grenat.

10 — **Dumont.** Miniature ronde : Portrait de femme en buste regardant de face, cheveux poudrés, corsage bleu garni de dentelle et nœuds de rubans en satin blanc. Signée et datée 1786. Cercle en cuivre sur velours.

11 — **Adam** (H.). Émail rond représentant les Joies maternelles. Trois jolis bambins se cram-

ponnent aux bras et au cou de leur jeune mère
et la comblent de leurs caresses. Signé à gau-
che. Cadre à réverbère à bords émaillés.

12 — **Bilcos** (1780). Miniature ovale : Portrait de
jeune femme en corsage violet et décolleté avec
fichu nonchalament noué sur la gorge, coiffée
d'un grand chapeau à plumes. Signée. Cadre
en bronze à nœud de rubans sur fond de velours
rouge.

13 — **Van Blarenberghe** (Genre de). Gouache
rectangulaire représentant un paysage monta-
gneux arrosé par un fleuve et animé de personnages. Cadre velours rouge.

14 — **Bordier** (Attribué à). Miniature ovale (peinture sur cuivre). Portrait de gentilhomme en
riche costume de l'époque Louis XIV. Cadre
bois noir.

15 — **Boudier** (1784). Miniature ronde : Portrait
de femme en robe mauve rayée à revers de soie
bleue, coiffée d'un chapeau légèrement relevé
avec roses dans les cheveux. Signée. Cadre à
chevalet en bronze.

16 — **Charlier** (Attribué à). Miniature ovale représentant une jeune baigneuse légèrement dans
l'onde, se retenant à un arbre. Cadre ovale en
bronze doré à nœud de rubans.

17 — **Charlier.** Miniature rectangulaire représentant une baigneuse assise au pied d'un arbre au

bord de l'onde avec une corbeille de fleurs à
ses côtés. Cadre cuivre doré.

18 — **Cournerie** (L.). Miniature ronde : Portrait
de jeune femme aspirant le parfum des roses
qu'elle tient dans la main ; corsage blanc décolleté avec draperies bleues, parée de perles dans
les cheveux et sur les épaules. Signée. Cadre
en bronze.

19 — **Cournerie.** Miniature ovale : Portrait de
Mme Vigée-Lebrun. Cadre en cuivre.

20 — **Coypel** (Attribué à). Miniature représentant
l'Enlèvement de Proserpine, composition de
cinq figures, montée sur boîte en ivoire.

21 — **Degault** (Attribué à). Deux petites Minia-
tures, peintures en grisaille : Les Jeux
d'Amours. Dans un cadre en velours rouge.

22 — **Fragonard** (D'après). Dites donc s'il vous
plaît ? Miniature ronde. Cadre en or sur fond
de velours rouge.

23 — **Hall** (Genre de). Miniature ronde : Portrait
de jeune Femme assise dans un parc, corsage
rouge, chemisette blanche et décolletée, coiffure légèrement poudrée avec fleurs dans les
cheveux.

24 — **J.-B. O.** Miniature ronde : Portrait de jeune
Fille à longue chevelure blonde. Cadre bronze
à nœud de ruban.

25 — **Kanz.** Miniature ronde : Portrait de jeune
Femme en robe blanche, chevelure blonde

retenue par un ruban blanc. Signée. Cadre en argent doré.

26 — **Kanz** (Attribué à). Miniature ronde : Portrait de jeune Femme représentée presque de face, la chemise demi-tombante laissant voir la gorge, avec rubans et rangée de perles dans les cheveux. Cadre à réverbère en argent doré.

27 — **Kleingstedt**. Miniature ovale : les Amoureux surpris, scène à trois personnages. Cadre en bronze à nœud de ruban.

28 — **Kleingstedt**. Miniature ronde représentant l'Amour désarmé. Cadre en bronze.

29 — **Lebrun** (D'après). Grande Miniature rectangulaire représentant les Femmes de Darius venant implorer la clémence d'Alexandre. Composition de nombreuses figures. Cadre en velours rouge.

3o — **Lefebvre** (Attribué à). Miniature ovale. Portrait de Femme, la gorge nue, coiffure haute et à longues boucles. Cadre cuivre fond de velours.

3ı — **Lemoine** (Attribué à). Grande Miniature rectangulaire. Sujet mythologique : Nymphes et Enfants prenant leurs ébats au bord de la mer. Cadre en bronze.

32 — **Nattier** (D'après). Miniature ovale. Portrait de Mlle Duclos en costume allégorique, le front ceint d'un diadème avec perles, carressant un amour debout devant elle qui la regarde et lui

présente une pomme. Cadre en bois sulpté et doré.

33 — **Nattier** (D'après). Miniature ovale. Portrait de jeune Femme en corsage décolleté, s'enveloppant dans une draperie bleue, avec fleurs dans les cheveux. Cadre Louis XV en bronze doré, sur fond de velours rouge.

34 — **Robert**. Miniature ovale. Portrait de Femme en corsage rose décolleté, coiffure haute et bouclée. Signée. Cadre velours rouge.

35 — **Savignac** (Genre de Delion de). Miniature ovale représentant des personnages venant de se baigner, causant à une paysanne, au fond un pont sur lequel passent un paysan et des bestiaux, en perspective une forêt. Cadre doré, fond de velours.

36 — **Sené**. Miniature ronde. Portrait d'homme en costume du Directoire, représenté assis, regardant presque de face. Signée. Cerclée de cuivre. Cadre velours rouge.

37 — **Soiron** (Attribué à). Émail ovale portrait de gentilhomme à perruque poudrée. Cadre à nœud de ruban sur fond de velours rouge.

38 — **Vestier** (Attribué à). Miniature ovale. Portrait de jeune dame de la cour en robe blanche avec ruché mauve, coiffure haute poudrée; montée sur une boîte en poudre d'écaille cerclée d'or, de l'époque.

39 — **Weyler** (Attribué à). Émail rond. Portrait

d'un peintre représenté dessinant un paysage, la tête tournée presque de face, les cheveux longs tombant sur les épaules et enveloppé dans un grand manteau amplement drapé. Cadre en or sur fond de velours rouge.

40 — **École allemande.** Émail ovale légèrement cintré représentant un burgrave visitant ses domaines, entouré de ses fermiers. Cadre en velours rouge.

41 — **École allemande.** Miniature rectangulaire. Jeune femme tenant un enfant dans ses bras, passant devant une fenêtre où l'on voit paraître un paysan. Cadre doré sur fond de velours rouge.

42 — **École allemande.** Médaillon ovale offrant de chaque côté des émaux peints, portrait d'homme et portrait de femme de la fin du XVIIIe siècle.

43 — **École allemande.** Miniature ovale. Portrait de Marie-Thérèse, Impératrice d'Autriche. Cadre à réverbère.

44 — **École du XVIe siècle.** Miniature ovale. Portrait de châtelaine en riche costume, parée de joyaux avec fraise en dentelle. Peinture à l'huile. Cadre bois noir.

45 — **École française** (XVIIe siècle). Émail rond représentant une scène de festin royal. Composition de nombreuses figures. Cadre doré, fond de velours rouge.

46 — **École du XVIII⁰ siècle.** Petite Miniature ovale. Portrait en habit rouge et perruque poudrée. Cadre bois noir.

47 — **École française** (Louis XIV). Miniature ovale. Portrait de grande dame à corsage de brocard blanc brodé d'or, draperie bleue, coiffure haute à la poudre avec frisures sur le front. Cadre velours rouge.

48 — **École française** (Louis XIV). Miniature carrée représentant une grande dame en costume de Diane chasseresse. Cadre en bois sculpté et doré.

49 — **École française** (xviiie siècle). Miniature ronde représentant une jeune femme assise dans un jardin et pinçant de la guitare, en corsage décolleté, robe en soie verte garnie de dentelles, avec fleurs et rubans dans les cheveux. Cadre à réverbère en argent avec bord perlé d'émail.

5o — **École française** (xviiie siècle). Miniature ovale représentant trois enfants assis sur la terrasse d'un parc jouant avec un petit chien et un perroquet. Cadre doré sur fond de velours rouge.

5 1 — **École française** (xviiie siècle). Miniature ronde. Portrait de jeune femme en corsage rose décolleté garni de dentelle et de fourrure, cheveux légèrement poudrés et bouclés retenus

par un ruban rose. Cadre en velours rouge cerclé de cuivre sur fond bois noir.

52 — **École française** (xviiie siècle). Miniature ronde. Portrait de femme à corsage violet et décolleté avec des rubans bleus dans les cheveux tombant sur les épaules. Cadre en bronze à nœud de ruban.

53 — **École française** (xviiie siècle). Miniature ovale représentant une jeune mère au milieu de ses bambins qui la comblent de caresses. Cadre en argent doré sur fond de velours rouge.

54 — **École française** (xviiie siècle). Miniature ronde. Portrait de femme à corsage bleu décolleté. Cadre en strass sur fond de velours rouge.

55 — **École française** (xviiie siècle). Miniature ronde. Portrait de jeune femme accoudée sur un petit bureau, en robe violette, corsage décolleté. Montée sur une bonbonnière en poudre d'écaille avec galons en or du temps de Louis XVI.

56 — **Ecole française** (xviiie siècle). Miniature ovale : Portrait de Femme la gorge nue, coiffure haute à longues boucles. Cadre en or, sur fond de velours rouge.

57 — **Ecole française** (xviiie siècle). Miniature ovale : Portrait de Louis XVI dans un écrin en galuchat.

58 — **Ecole française** (xviiie siècle). Miniature ovale : Portrait de Femme en robe bleue,

avec manteau rouge. Cercle doré sur fond de velours rouge.

59 — **Ecole française** (xviiie siècle). Miniature ovale : Portrait de Femme avec corsage à fichu de dentelle, coiffure à longues boucles tombant sur les épaules. Cadre doré sur fond de velours rouge.

60 — **Ecole française** (xviiie siècle). Miniature ovale : Portrait de jeune Femme en chasseresse, chevelure bouclée avec ruban bleu. Cadre or et argent.

61 — **Ecole française** (xviiie siècle). Miniature ovale : Portrait de jeune Femme, corsage avec fichu noué et coiffée d'un élégant bonnet. Cadre bronze à nœud de rubans et fleurs.

62 — **Ecole française** (xviiie siècle). Email ovale : La France sous les traits de Minerve et un Enfant couronnant un buste de la Reine. Cadre à réverbère à filets d'émail bleu sur fond de velours rouge.

63 — **Ecole française** (xviiie siècle). Miniature ovale représentant Flore et Zéphyr. Cadre cuivre, fond de velours rouge.

64 — **Ecole française** (xviiie siècle). Miniature ronde : Jeune Femme en extase. Cercle en or, cadre velours rouge.

65 — **Ecole française** (xviiie siècle). Portrait de jeune Femme en religieuse coquette, tenant

une rose à la main. Cadre doré sur fond de velours rouge.

66 — **Ecole française** (xviiie siècle). Miniature ovale : Portrait de jeune Femme nonchalamment accoudée près d'une corbeille de fleurs. Cercle doré sur fond de velours rouge.

67 — **Ecole française** (fin xviiie siècle). Miniature ovale : Portrait présumé du Dauphin. Cadre cuivre sur fond de velours rouge.

68 — **Ecole française** (Ier Empire). Portrait d'une Dame de l'époque en robe blanche, avec voile de dentelle. Cadre en argent doré.

69 — **Ecole du Ier Empire.** Miniature ovale : Portrait de Femme en robe blanche avec coiffure genre turban, orné de grandes plumes blanches. Cadre bois noir.

70 — **Ecole française.** Miniature ronde : Portrait présumé de Van Dyck. Cadre bronze à nœud de rubans.

71 — **Ecole française.** — Email ovale représentant une Femme nue couchée sur un fond de draperie rouge. Cadre argent doré à nœuds de rubans.

72 — **Ecole française.** Miniature ovale : Portrait de Femme en costume de fermière. Cadre velours rouge.

OBJETS D'ART

73 — Joli Cabinet formant coffret à bijoux, forme
architecturale, en bois noir, offrant sur les
portes et tout autour des émaux peints, scènes
mythologiques et allégoriques; aux angles des
statuettes de nymphes, et sur le dôme des figurines de guerriers et des groupes d'enfants sur
des cygnes en bronze doré. Travail de style
XVIᵉ siècle.

74 — Deux belles Coupes en spath-fluor finement
évidées, monture bronze doré, anses à serpents.
Epoque fin XVIIIᵉ siècle.

75 — Chauffe-main en bronze repercé et gravé
de Chine.

76 — Tabatière en forme Sirène couchée, en argent
repoussé. XVIIIᵉ siècle.

77 — Petite Brosse en nacre, monture argent.
Epoque Iᵉʳ Empire.

78 — Eventail du temps de Louis XV en ivoire
repercé et décoré, feuille à scène champêtre.

79 — Eventail du temps de Louis XVI en ivoire,
feuille à paillettes et petits médaillons, portraits d'hommes et de femmes.

80 — Solitaire en ancienne porcelaine de Saxe,
décor à fleurs. Epoque Marcolini.

81 — Joli petit Sucrier en porcelaine de Sèvres,
du Iᵉʳ Empire, fond blanc à rehauts d'or,

décor à bouquets de fleurs, avec anses à cols de cygnes.

82 — Deux petites Figurines en ancienne porcelaine de Saxe : Enfants tenant l'un une gerbe, l'autre une guirlande de fleurs.

83 — Joli petit Inro en laque d'or du Japon, décor en relief.

84 — Jolie petite Statuette d'enfant couché, en terre cuite, attribuée à François Flameng. Socle en velours rouge.

85 — Coupe à déguster en ancien émail de Limoges, décorée **au** centre d'une figure de Céphale.

86 — Petit Pot à crème en porcelaine de Sèvres, bordure bleue rehaussée d'or avec médaillon à fleurs.

87 — Petit Plateau, de forme carrée, en porcelaine de Boisette, dessin à semis et guirlandes de fleurs en or sur fond blanc.

88 — Deux Figurines en faïence anglaise : Musiciens ambulants.

89 — Petite Figurine de jardinier en porcelaine de Saxe.

90 — Figurine en ancienne porcelaine de Saxe : le Débardeur.

91 — Petit Groupe en ancienne porcelaine de Frankenthal : la Déclaration.

92 — Figurine en ancienne porcelaine de Saxe : le Bûcheron.

93 — Figurine en porcelaine de Saxe : le Petit Oiseleur.

94 — Figurine en biscuit : Vestale.

95 — Figurine en ancienne porcelaine de Saxe : la Petite Bergère.

96 — Deux Médaillons en marbre avec portraits de Henri IV et de Louis XV en bronze doré.

97 — Assiette en porcelaine, genre de Sèvres, fond bleu rehaussé d'or et orné au centre du portrait de Henri IV.

98 — Petit Inro du Japon en laque aventuriné d'or.

99 — Petit Nécessaire en agate orientale, monture en argent doré. Époque Louis XVI.

100 — Petit Miroir ovale cerclé de strass.

101 — Joli petit Cabinet en laque du Japon, décor à volatiles, branchages fleuris en or sur fond noir.

102 — Petite Boîte en lapis-lazuli, monture argent.

103 — Petit Étui en galuchat renfermant deux flacons.

104 — Tête-à-Tête en porcelaine de Saxe, décor à sujets champêtres.

105 — Objets omis.